AF555247

L44b
599

Lb 44 599

FAITS HISTORIQUES

RELATIFS

AUX ÉVÉNEMENS

QUI ONT EU LIEU LE 11 FÉVRIER 1814

A Pont-sur-Seine ;

ACTUELLEMENT *PONT-LE-ROI*,

PAR GRACE SPÉCIALE DE SA MAJESTÉ.

RAPPORT

Fait à Son Excellence Monseigneur le Ministre secrétaire-d'état au département de l'intérieur ;

Par le Chevalier de BRUNEL de Varennes.

Liliis honorique semper fidelis.

1816.

J. 599

A SON EXCELLENCE

MONSEIGNEUR

LE MINISTRE SECRÉTAIRE-D'ÉTAT AU DÉPARTEMENT DE L'INTÉRIEUR, etc., etc.

MONSEIGNEUR,

SI, pour avoir quelques droits à la confiance d'un Ministre de Sa Majesté, il suffit à un bon et vrai Français d'avoir toujours été fidèle à ses premiers sermens, à son devoir, à l'honneur, et de se présenter avec un cœur pur et sans tache comme les Lis dont il a toujours suivi la bannière, je puis espérer que non-seulement Votre Excellence daignera m'accorder cette confiance, mais encore me pardonner d'occuper quelques-uns de ses précieux momens, surtout si je les emploie à lui faire connaître un fait qui honore une ville de France et des Français; fait, pour ainsi dire, ignoré jusqu'à ce jour, dont Sa Majesté a eu connaissance, mais qu'elle a pu, qu'elle a dû même oublier au milieu du mouvement et du tourbillon dont son trône et sa pensée ont été enveloppés depuis son retour désiré dans ses états en 1814.

Quoique personnellement intéressé à faire connaître un acte honorable et glorieux pour ceux qui y ont pris part, je n'ai pu employer les moyens de lui donner la publicité qu'il méritait; parce que, depuis cette époque, que je dois cependant regarder comme la plus belle de ma vie, ma santé a été altérée, et par les résultats naturels de cet événement, et par un accident affreux dont le motif m'honore, puisqu'il prend sa source dans mon amour pour l'auguste famille des Bourbons, mais dont les suites m'ont été fatales au physique et au moral. J'avais d'ailleurs à lutter contre d'autres causes que je dois taire, parce qu'elles sont devenues sans effet sous un ministère éclairé et entièrement dévoué, qui, j'en suis convaincu, sera charmé d'être mis à même de rendre à chacun la justice qu'il mérite, et se fera un plaisir d'instruire Sa Majesté des actes de dévouement qu'il jugera dignes d'être consignés dans les annales de la France.

L'événement, d'ailleurs, dont je dois rendre compte à Votre Excellence, ne présente point seulement un intérêt local et particulier. En le rattachant aux circonstances qui l'ont précédé et suivi, circonstances dont, au moins en partie, j'ai été seul à même d'avoir une connaissance parfaite, et, en l'envisageant sous le rapport de la haute politique, on pourrait en tirer des inductions favorables aux grands intérêts de la France; on verrait clairement que, comme bien des personnes qui se croyaient bien instruites, et qui effectivement auraient dû l'être, le pensaient, ce n'est point le résultat des événemens de 1814 qui a décidé un souverain, dont la conduite généreuse et héroïque lui a mérité l'admiration de l'Europe et la reconnaissance de la France, à se prononcer en faveur de la légitimité. On y verra de quelle manière sa grande âme, après avoir conçu l'idée sublime de l'affranchissement et du bonheur de l'Europe, savait concilier cette première pensée, son attachement pour l'auguste famille des Bourbons avec les égards pour l'opinion et la liberté d'une grande nation; on y verra toute son armée partager les sentimens généreux de son auguste souverain, et les manifester par une conduite sans exemple dans l'histoire.

On y verra des généraux russes, animés de cet esprit de religion et de sublime modestie répandu dans le manifeste de S. M. l'Empereur Alexandre à ses peuples, en date du 1er. janvier 1816, attendre la victoire de Dieu seul, et dire simplement : « Si Dieu nous accorde la » victoire, s'il permet que nous entrions dans Paris, » notre Empereur ne forcera point le vœu de la nation » française; mais si l'opinion se prononce en faveur des » Bourbons, il la soutiendra de tout son pouvoir, et,

» dans ce cas, oubliant comme lui les injures et les dé-
» sastres dont nous avons été les victimes, nous respec-
» terons non-seulement les proprietés publiques, mais
» encore les particulières; nous respecterons même
» la gloire des Français, qui seront dès-lors nos
» amis. »

Tels étaient, Monseigneur, leur langage et leurs promesses deux mois avant leur entrée à Paris en 1814: ils ont tenu leur parole, et leur conduite sera gravée en lettres d'or dans les pages de l'histoire.

On pourra y reconnaître l'injustice ou la perfidie de ces hommes qui ont calomnié cette généreuse nation, qu'ils appelaient barbare. Ah! si les barbares se conduisent ainsi, s'ils sont capables de sentimens si nobles et si élevés, désirons donc de retomber dans la barbarie!

On y découvrira que *ces Cosaques*, que de véritables barbares ont dépeints sous les traits les plus ignobles et comme des *mangeurs d'hommes*, conservaient, au milieu du trouble et des horreurs de la guerre, ces vertus patriarchales que nous admirons dans les peuples de l'antiquité; on y verra, dis-je, ces *hommes de la nature*, dont le costume et les manières ne cadrent pas effectivement avec le costume et les manières de nos *petits-maîtres*, respecter la vieillesse, la faiblesse, l'enfance et le malheur, aller traire eux-mêmes les vaches que le besoin les obligeait d'enlever et de réunir dans leur camp, et en apporter le lait aux mères pour nourrir leurs enfans, tendre une main secourable aux mères elles-mêmes, et leur donner des alimens qui souvent leur avaient été enlevés par des Français (1) !!!

On verra enfin que, par la plus grande des injustices, on accusait alors les Russes de tous les maux causés par la présence de l'armée alliée en 1814, tandis que les

---

(1) Ceux qui à Paris, en 1814, étaient assez imprudens pour faire et pour exposer aux yeux mêmes des alliés des caricatures ignobles, représentant des Cosaques chargés de butin, etc., etc., avaient donc oublié que, si le fléau de la guerre est devenu plus affreux et plus dévastateur, c'est à nous, c'est surtout au tyran qui, pour le malheur du monde, a trop long-temps gouverné la France, qu'il faut s'en prendre.

Le système de mettre en mouvement des forces immenses, de les faire marcher avec rapidité, sans vivres et sans magasins, a été introduit depuis vingt-cinq ans, et surtout depuis l'usurpation. Les autres puissances ont été forcées, pour se défendre, de suivre cet exemple funeste, et de nous faire enfin supporter le poids d'un mal qui, jusqu'en 1814, nous était pour ainsi dire étranger, parce que notre territoire ne l'avait point éprouvé ; mal qui était originairement notre ouvrage ; mal tellement inévitable, d'après ce système de guerre, que nos propres armées étaient forcées, pour subsister, de se conduire en ennemies dans leur propre pays, en vexant leurs malheureux concitoyens, quelquefois même leurs propres parens, pour les obliger à leur fournir des alimens, au point que les soldats alliés ne trouvaient souvent qu'à glaner après les nôtres, en suivant les traces d'armées qui déjà avaient épuisé le pays.

Quant au pillage, qu'on a paru attribuer exclusivement aux Cosaques, il était, ainsi que d'autres excès, la suite naturelle et inévitable de ce système de guerre ; il était d'ailleurs commun à toute l'armée. Mais est-ce à nous à le leur reprocher! et même, sur cela, l'avantage serait encore de leur côté. J'ai observé, et tous ceux qui ont voulu voir sans passion l'ont observé comme moi, qu'ils ne détruisaient jamais pour le plaisir de détruire : l'appât du gain et le besoin surtout étaient leurs seuls motifs ; et, dans ce cas, le reproche ne pouvait s'adresser aux Cosaques réguliers ; j'ai dormi tranquille avec mon épouse et mes enfans au milieu de ces derniers. Il n'existe peut-être pas en Europe de troupe plus subordonnée. On avait cependant, avec intention sans doute, donné une désignation générale à toute l'armée alliée, sous le nom de Cosaques ; tout le mal qui se faisait était fait par les Cosaques. Soyons donc justes enfin, et tâchons de voir les choses telles qu'elles sont réellement.

plus grands désastres sont provenus, ou d'autres nations qui avaient conservé l'esprit de vengeance, ou, plus encore, du système de guerre le plus horrible, le plus absurde, imaginé par l'usurpateur; système qui ne pouvait entrer que dans la tête d'un barbare comme Buonaparte, et d'après lequel chaque ville, chaque village devenaient des forteresses; chaque maison, une citadelle; chaque cabane, une redoute; chaque paysan, un soldat, et, enfin, les instrumens de l'agriculture et de la vie des instrumens de guerre et de mort. Ce sont les propres expressions insérées dans ses proclamations lors de l'entrée des alliés en 1814; il voulait même que les enfans allassent couper les jarrets des chevaux, en s'introduisant dans les bivouacs des alliés; il voulait que les Français, pour soutenir sa tyrannie, fissent ce que les Espagnols avaient fait contre lui pour s'y soustraire; il voulait enfin, pour défendre son pouvoir usurpé....., faire de la France un vaste tombeau. Aussi, partout on s'apercevait de sa funeste présence par l'incendie, le ravage et la désolation : si une ville était en flammes, on pouvait dire à coup sûr, Buonaparte est là! Et il est encore quelques Français, indignes de ce nom, qui regrettent et cet homme et son affreux gouvernement!!!

Ceux-là n'applaudiront pas sans doute à l'éloge que je fais, ou, pour mieux dire, à la justice que je me fais un devoir de rendre à une nation qui doit être à jamais l'amie de la nation française, et par sa générosité, et par son caractère, et même par sa position topographique, qui est telle, que nous ne devons et ne pouvons avoir, dans nos rapports politiques et sociaux, que des intérêts communs. Mais l'immense majorité des Français partagera, j'en suis certain, mes sentimens, et sa reconnaissance pour le grand Alexandre sera éternelle (1).

D'après ce qui précède, Votre Excellence jugera qu'il me serait impossible d'entrer dans les détails d'un événement auquel j'ai pris la plus grande part, sans parler de moi, non pour faire valoir les services que je puis avoir eu le bonheur de rendre à la cause du Roi et de la patrie, mais pour répandre sur les faits eux-mêmes la clarté nécessaire.

Cependant il me serait, je crois, bien pardonnable

---

(1) S'il m'était permis d'émettre un vœu, ce serait de consacrer la reconnaissance de la nation française envers le généreux Libérateur de la France et de l'Europe, en élevant sur une des places de la Capitale un Monument digne de son objet.

Quelle que soit l'opinion de certains esprits, encore éblouis par cette fausse gloire qui a causé tous nos malheurs, ce vœu est celui d'un *bon Français*, d'un *vrai patriote*, qui a prouvé qu'il connaissait toute la valeur de ces titres.

Le grand Alexandre, représenté, non comme le conquérant de la capitale de la France, mais comme le protecteur de l'humanité, au moment où, en entrant en ami dans Paris, il disait à la foule qui, se pressant sur son passage, réclamait son roi légitime, ces paroles simples et mémorables : *Vous l'aurez, mes amis, vous aurez votre roi*, serait plus flatté de cet hommage rendu à cette sublime philantropie qui caractérise sa grande âme, que d'un monument triomphal érigé à la valeur guerrière, étrangère bien souvent (nous ne l'avons, hélas! que trop vu!) à toutes les vertus qui honorent l'humanité. Ce monument donnerait à un fait qui, d'ailleurs, ne peut échapper au burin de l'histoire, un caractère de grandeur et de noblesse qui honorerait les Français, en prouvant à la postérité qu'à cette valeur qui ne leur a jamais été contestée, ils réunissent d'autres vertus, dont la plus belle, après la bienfaisance, est, sans nul doute, la reconnaissance. Je vote donc pour l'acquit de cette dette sacrée envers *l'auguste et généreux restaurateur de la monarchie française et légitime*.

de chercher à détruire l'indifférence de ceux qui me traitent le mieux, et l'injustice de ceux qui me regardent comme criminel, comme traître peut-être, pour avoir contribué de tout mon pouvoir à la chute de l'usurpateur et à la restauration du trône de Saint Louis ; il me serait, dis-je, bien pardonnable de leur prouver par les faits, par les paroles même des généraux alliés, que je ne cherchais qu'à servir ma patrie et à contribuer à son bonheur, en la délivrant de son tyran, et en lui rendant son père dans son roi légitime.

Les faits en diront plus à Votre Excellence que tout ce que je pourrais ajouter ; en les exposant avec cette franchise qui m'est propre, je tâcherai cependant de la maintenir dans les bornes prescrites par la discrétion et les convenances politiques.

La ville de *Pont-le-Roi* (ci-devant Pont-sur-Seine) est bien petite (sa population avant 1814 n'était que de 900 âmes), bien peu importante comme point topographique ; elle est une si faible fraction du territoire français que, sans un motif extraordinaire, je regarderais comme une grande témérité de ma part de fixer sur elle l'attention particulière de Votre Excellence ; mais cette ville est la première de France qui en 1814 ait proclamé et reconnu son roi légime ; ses habitans sont les premiers Français, ci-devant sujets de l'usurpateur, qui aient arboré la couleur des Bourbons, et aient montré à cette auguste famille un dévouement aussi précoce qu'héroïque, vu la circonstance particulière et la position terrible dans laquelle ils se trouvaient. Le Roi, dans sa bonté et sa justice, a daigné, dès le mois de juin 1814, accorder à cette ville un premier gage de sa généreuse bienveillance, en l'honorant d'un titre particulier pour perpétuer le souvenir de son dévouement.

J'ose espérer que toutes ces considérations particulières, et les considérations générales exposées précédemment, seront suffisantes pour fixer l'attention d'un ministre dévoué et éclairé comme Votre Excellence, et qu'elle daignera me continuer son indulgente attention.

La ville de Pont-sur-Seine, située sur la route de Troyes à Nogent-sur-Seine, et à deux lieues de cette dernière, était, avant la révolution, honorée du séjour habituel du prince Xavier de Saxe, oncle de Sa Majesté. Les bienfaits de ce prince n'avaient pu être effacés du souvenir des habitans par vingt-cinq ans de révolutions : ils étaient donc naturellement portés à désirer le retour de la famille de leur ancien bienfaiteur, et par conséquent des Bourbons. En outre, quand, en 1814, les alliés pénétrèrent en France, la ville de Pont, déjà écrasée par des passages fréquens de troupes françaises, se trouvait réduite aux abois par l'affluence d'armées entières lorsque le théâtre de la guerre fut transporté dans les plaines de la Champagne. L'exaspération fut à son comble, quand, lors de la retraite de l'armée française, les habitans de Pont-sur-Seine furent foulés et vexés de la manière la plus horrible par cette armée, laquelle se porta à de tels excès que, l'usurpateur fut forcé, à cette époque, de rendre un décret et de créer un tribunal extraordinaire pour réprimer la licence de son armée. Il se plaignait particulièrement, dans son ordre du jour (de Nogent-sur-Seine, premiers jours de février), des soldats du train; et il avait raison, parce que ces derniers, sans respect pour le fils, avaient pillé le château de la mère; ils avaient mangé jusqu'aux paons du château, et bu le vin de madame Lætitia : il avait tort, parce qu'il voulait, selon sa louable coutume, punir dans ses soldats un crime qui n'était pas le leur, mais bien le sien. Puisqu'il faisait marcher son armée sans vivres, il fallait bien qu'elle s'en procurât à quelque prix que ce fût, sous peine de mourir de faim; et les vieux soldats, comme l'on sait, aiment mieux mourir par quelques grains de plomb que par la faim.

Il n'en était pas de même des malheureux conscrits, peu habitués à chercher de quoi vivre : aussi les routes étaient-elles couvertes de ces malheureux jeunes gens tombant et mourant d'inanition. Et le barbare voyait cela, et il n'en était pas attendri! son cœur de bronze, loin de sentir le mouvement de la pitié, jetait des regards de fureur sur ses victimes. Honteux, irrité de sa défaite et d'une retraite forcée, il en rejetait la faute sur ces malheureux! J'ai vu, oui, j'ai vu, et cent témoins l'ont vu comme moi, sabrer par ses ordres plusieurs de ces pauvres conscrits, parce que, trop faibles pour porter leurs armes et leurs équipemens, ils les avaient abandonnés! Et cela ne s'exécutait point sur le champ de bataille, en face de l'ennemi; c'était à douze lieues de lui, quand l'armée elle-même était en pleine retraite!

Et c'est cet homme que certaines gens regrettent, je veux dire regrettaient; car, dans ce moment, il n'est plus de Français dans ce cas; c'est ce barbare, grands dieux! que naguère ils voulaient faire rasseoir sur le trône des Lis! Qu'ils réveillent donc les millions de victimes qu'il a précipitées dans la tombe! Qu'ils leur demandent si elles veulent encore être son appui, si elles veulent encore en faire leur souverain! Qu'ils le demandent surtout aux milliers de malheureux qu'il a abandonnés lâchement dans les déserts brûlans de l'Afrique, au milieu des plaines glacées de la Russie, sur les bords de la Bérésina, à Leipsick, à Waterloo! Mais laissons là cet homme et ses odieux partisans, oublions-les, s'il se peut, et revenons à Pont-sur-Seine.

Plusieurs habitans avaient eu connaissance des proclamations des alliés : les interprétant selon leurs désirs, ils s'attendaient à voir au milieu d'eux un prince du sang des Bourbons; ils attendaient donc les alliés comme des amis, comme des libérateurs, avec la sécurité de la paix. Fatale sécurité! Oui, si j'ai un reproche à me faire, c'est d'avoir cherché à l'inspirer cette sécurité : je suis la cause du désastre de plusieurs habitans de cette malheureuse ville, la cause bien innocente, sans doute, puisque j'en ai été la première victime; j'avais d'ailleurs pensé, et plusieurs habitans estimables l'avaient pensé comme moi, que si les alliés venaient avec les intentions manifestées par leurs proclamations, il était de leur intérêt de ménager des gens dont ils devaient se faire des amis; et nous ne nous trompions sûrement pas : telles étaient, j'en suis convaincu, les intentions des augustes souverains. Mais qui pouvait supposer que le barbare Buonaparte ferait de Nogent-sur-Seine, d'une ville ouverte, une ville de guerre! Qui pouvait supposer qu'ayant derrière cette ville une position militaire excellente, inexpugnable, couverte par une inondation et des marais, abordable seulement par deux chaussées étroites, sur lesquelles on pouvait multiplier les obstacles en les coupant par la rupture de quelques-uns des ponts sans nombre qui forment la presque-totalité de ces chaussées, sur lesquelles cent hommes et deux pièces de canons eussent pu arrêter cent mille hommes; quand il pouvait de là être le maître de tous ses mouvemens, observer et maîtriser ceux de son ennemi, et enfin entretenir toutes ses communications, qui pouvait, dis-je, penser qu'il aurait perdu la tête au point de préférer à tous ces avantages l'idée absurde et féroce de sacrifier une malheureuse ville, pour empêcher le passage d'un fleuve qu'on pouvait traverser deux lieues plus haut, en deux heures de temps, sans aucune difficulté, quelle que fût l'inondation, comme l'événement l'a prouvé, et qu'enfin Nogent-sur-Seine supporterait un siége aussi terrible qu'inutile, dont la réaction se ferait sentir sur toute la ligne de Nogent à Troyes, par le refoulement de toute l'armée alliée sur des pays déjà épuisés par les armées françaises!

A peine l'arrière-garde des Français avait-elle effectué sa retraite, qu'on vit arriver sur ses traces l'avant-garde des alliés: c'était le 9 février, entre huit et neuf heures du matin. Tous les habitans de Pont-sur-Seine se portèrent hors de la ville pour les voir, sans crainte comme sans inquiétude, d'après les idées qu'on s'était formées. On engagea même par signes quelques-uns d'eux qui paraissaient indécis, à s'approcher: un cosaque se détacha, et fit connaître que son cheval avait besoin d'être ferré ; un autre vint ensuite pour le même motif, et força le maréchal à recevoir plus que la valeur du ferrage. Cela était d'un bon augure, et confirma les habitans dans leurs bonnes dispositions envers les alliés. Je proposai alors à plusieurs des notables de la ville de venir avec moi jusqu'à la route, distante d'environ trois cents toises, pour parler au général allié et lui demander protection pour la ville. Ces habitans, soit qu'ils craignissent d'abandonner leurs ménages à la discrétion de quelques pelotons de voltigeurs qui paraissaient se diriger sur la ville, soit peut-être, ce qui était bien pardonnable, dans la crainte de trop se compromettre vis-à-vis d'un gouvernement féroce, par une démarche qu'ils pouvaient considérer comme prématurée, hésitèrent à accepter ma proposition (1). Je m'acheminai donc seul vers la

---

(1) De tous temps, chez les peuples civilisés, il a été non-seulement permis aux villes ouvertes et sans défense de réclamer la générosité des vainqueurs, mais encore c'était un devoir sacré pour les chefs de ces villes de faire, vis-à-vis des généraux ennemis, une démarche qui devait préserver leurs concitoyens des maux qui sont toujours la suite inévitable de la guerre, quand, dans les pays ouverts à l'ennemi, il ne s'établit point de relations entre les autorités locales et les chefs des armées étrangères.

Il a fallu que, pour le malheur du monde, un tyran comme Buonaparte usurpât le trône des Lis, pour introduire de nouvelles lois militaires aussi atroces que son âme, et par lesquelles il faisait un crime capital à des malheureux qu'il abandonnait sans défense à la fureur de ses ennemis, de réclamer leur générosité.

Par ses affreux décrets il allait encore plus loin ; il ordonnait, sous peine de mort, aux chefs des villes et des villages, de se défendre à outrance, et d'employer pour cela tous les moyens ; et quels moyens, grands dieux !.... ils étaient dignes de lui.... Barbare ! que ne leur envoyais-tu donc au moins des armes et des soldats ? Avais-tu pu penser qu'un tyran abhorré

colonne alliée, dans l'intention bien formelle de parler au général, et, en lui faisant connaître les bonnes dispositions des habitans, de lui demander une sauvegarde pour la ville. Mais, à peine fus-je arrivé sur la route, qu'une vive fusillade s'engagea entre l'avant-garde alliée et l'arrière-garde française, à quelques centaines de toises de l'endroit où j'étais placé. J'étais à pied, je ne pouvais donc suivre le mouvement rapide de la colonne alliée.

Voyant l'impossibilité absolue de parvenir jusqu'au général; apercevant, d'un autre côté, de nombreux détachemens de cavalerie légère se diriger sur la ville, où

---

pourrait inspirer du patriotisme à ceux-là même qui gémissaient dans les fers que tu leur avais imposés? Parce qu'en Russie, parce qu'en Espagne ce patriotisme avait suffi pour déconcerter tous tes projets et pour détruire toutes tes armées, t'étais-tu donc imaginé que les Français feraient, pour soutenir ton odieuse tyrannie, ce que ces généreuses nations avaient fait pour défendre leur indépendance et pour soutenir le trône de leurs souverains légitimes? Ah! sans doute, si jamais, ce que Dieu ne veuille! les Français avaient à défendre des objets aussi chers, on les verrait affronter mille morts, tout sacrifier pour une aussi belle cause, et s'ensevelir sous les ruines de la patrie pour la soustraire à un honteux esclavage. Mais toi, tu ne pouvais attendre ces efforts généreux d'une nation que tu avais pu asservir, mais non avilir au point de se sacrifier pour le plus lâche des tyrans. Au reste, ce n'est pas parce que tu es tombé de ton trône usurpé, et pour insulter lâchement à ton malheur, que je te parle sur ce ton. J'ai quelques droits de te parler ainsi, parce que je n'ai pas attendu l'événement pour élever la voix contre toi; jamais je n'ai été ton esclave; long-temps avant ta chute, dès le jour où tu violas en Espagne les droits sacrés de l'hospitalité, j'avais prédit ton sort et les maux qui en résulteraient pour ma malheureuse patrie; cent témoins ont entendu ces prédictions; je connaissais l'Espagne et les Espagnols; et enfin, deux mois avant ta chute, j'avais proclamé ta déchéance, et je combattais contre toi en faveur de mon roi légitime.

j'avais laissé mon épouse et mes enfans, je dus concevoir des inquiétudes sur ma famille. Je repris donc le chemin de la ville, et, le croira-t-on ? je passai seul, sans armes, ayant ma montre à mon côté et ma bourse dans ma poche, au milieu d'une multitude de soldats alliés répandus sur mon passage, par groupes, et isolés; et, non-seulement aucun d'eux ne m'insulta, mais encore ils me saluaient en me disant, *bon Francis, Napoléon capout;* et c'étaient cependant des Cosaques, et même des Cosaques irréguliers !

J'arrivai donc à la ville aussi intact que j'en étais sorti, bien chagrin cependant de n'avoir pu exécuter mon projet, mais tranquillisé, confirmé dans mes idées favorables sur les intentions des alliés, par la conduite de ceux que j'avais rencontrés au-dehors de la ville. Mais, hélas ! cette illusion devait promptement s'évanouir, et je devais payer bien cher cette fatale sécurité.

Au moment où j'entrai dans la ville, je la vis remplie de cavalerie légère : j'arrivai chez moi avec quelque inquiétude occasionnée par l'espèce de désordre que j'apercevais dans les mouvemens de cette troupe, dont la mine et les manières ne me paraissaient point du tout rassurantes; ce n'étaient pas des Russes. J'aurai quelquefois l'occasion de faire cette réflexion ; mais je me ferai un devoir de ne désigner nominativement ni aucune personne ni aucune nation, que pour en dire du bien. D'ailleurs, quelle qu'ait été, à cette époque, la conduite de quelques alliés, nous ne serions pas en droit de la leur reprocher ; tous les reproches doivent s'adresser à celui qui, en leur donnant d'affreux exemples, avait attiré sur nous leur haine et leur vengeance; je dois en outre ajouter qu'aucun des excès commis dans la malheureuse ville de Pont-sur-Seine ne l'a été par ordre, et qu'ils étaient sûrement ignorés des chefs et encore plus des souverains alliés.

On s'était bien attendu à Pont à une visite de cette nature, et, malgré l'état d'épuisement dans lequel nous avait laissés l'armée française, on avait employé tous les moyens et fait les derniers efforts pour satisfaire, autant que possible, les alliés que tous les habitans appelaient alors leurs libérateurs. On avait même eu la précaution de réunir chez le maire tous les approvisionnemens dont on avait pu disposer, dans l'espérance que les distributions s'y feraient avec ordre et avec calme.

Le contraire arriva, et ce qui, distribué d'une manière régulière, aurait pu satisfaire, sinon toute une armée, au moins plusieurs régimens, fut en un instant enlevé par deux ou trois cents hommes au plus (1).

(1) Il est bien à désirer que nous soyons long-temps sans entendre parler de guerre; mais si ce malheur arrivait, cet exemple pourrait être mis à profit par les généraux de quelle nation qu'ils soient. Il est de leur intérêt, comme de celui de leurs armées, d'employer tous les moyens pour établir de l'ordre dans la distribution des vivres.

Le gaspillage nuit à une armée de deux manières; d'abord en la privant promptement des ressources que le pays occupé peut fournir pour la subsistance de cette armée; ensuite, en faisant de gens qui, s'ils n'étaient pas des amis, seraient au moins des ennemis passifs, des ennemis d'autant plus actifs et dangereux qu'ils sont réduits au désespoir, et on sait que tout devient arme dans les mains du désespoir.

Si on se pénètre bien de ces vérités, si surtout on avise aux moyens de prévenir ces malheurs, l'humanité y gagnera, et le fléau de la guerre sera dorénavant moins terrible pour les peuples et pour les armées elles-mêmes.

Au point où en est la civilisation européenne, il n'est point d'armée où il

Ce gaspillage fut cause que d'autres détachemens se répandirent dans les maisons, et exigèrent rudement des habitans ce qu'il n'était plus en leur pouvoir de leur donner. De là, des insultes qui furent portées à un tel excès, que le maire, maltraité, et craignant avec raison pour sa vie, fut obligé de fuir et de traverser la Seine. Plusieurs des habitans, se trouvant dans le même cas, prirent aussi ce parti afin de se soustraire aux mauvais traitemens, et même à la mort, dont ils se voyaient menacés. On peut s'imaginer la consternation des malheureux habitans et leur surprise d'une conduite à laquelle ils étaient loin de s'attendre; mais hélas! cette

---

ne se rencontre une certaine quantité d'officiers parlant la langue du pays où se trouve le théâtre de la guerre. Si on attachait aux états-majors quelques-uns de ces officiers, qui seraient chargés de suivre les mouvemens des différentes colonnes, et de s'adresser directement aux autorités locales pour faire, dans la langue du pays, les réquisitions, on éviterait, par là, les malentendus et les violences qui en sont les suites. Les états que ces officiers pourraient faire de la population et des ressources de chaque pays, serviraient de bases pour les marches, les logemens et les cantonnemens.

On ne pourrait sûrement pas joindre un de ces officiers à tous les détachemens qui voltigent en avant et sur les ailes d'une armée; mais ne serait-il pas possible de prévoir leurs besoins, et, en leur donnant les ordres qui les mettent en mouvement, de leur remettre des bons de réquisitions imprimés dans les deux langues, et signés des chefs d'états-majors, d'après lesquels les autorités locales seraient à même de satisfaire promptement aux besoins de ces détachemens, entre lesquels les distributions se feraient ensuite d'une manière régulière?

Ce moyen mettrait d'ailleurs les pays qui auraient supporté le poids de la guerre, à même de réclamer, de la justice de leurs gouvernemens, la répartition égale d'une charge qui doit être commune à toute la nation, puisque la guerre, généralement, a pour but des intérêts communs à toute cette nation.

journée, qui paraissait si affreuse, était bien douce en comparaison de la nuit qui devait la suivre.

Quant à moi, j'avais été assez heureux pour recevoir à déjeuner un officier du régiment de Schwartzemberg. Je me plais à le désigner, sans pouvoir, à mon grand regret, me rappeler son nom. Cet officier maintint l'ordre chez moi et dans le voisinage; mais, obligé de me quitter pour aller sur le champ de bataille, en avant de Pont, il emmena, à ce qu'il me parut, avec regret, une sauve-garde qu'il m'avait donnée; et, d'après mes instances et celles de mon épouse, il la remplaça, autant que possible, par un billet de sauve-garde.

A peine cet officier était-il parti, que des nuées de maraudeurs arrivèrent en ville et y vexèrent les habitans de mille manières; cependant, à force de vin et d'eau-de-vie, je parvins à les calmer un peu. Sur le soir, un jeune officier, j'ignore de quelle nation, passa devant chez moi. Je l'appelai en français, et il me répondit honnêtement dans cette langue. Je lui communiquai mon billet de sauve-garde, et le suppliai de m'en donner une effective. Il s'empressa de se rendre à mon invitation, et me donna un *chevau-léger*, lequel devait me trahir et me livrer, comme on le verra plus loin. Je ne dirai cependant pas de quelle nation il était; je dirai seulement qu'il n'était pas russe. Je dirai plus, c'est que de toute la journée, tant que dura le combat entre Pont et Nogent, et durant la nuit suivante, il ne parut point de Russes dans la ville. Malheureusement pour nous, aucun officier de cette nation ne s'y présenta pour se rafraîchir; je dis malheureusement, parce que je suis convaincu que si alors un seul officier russe eût paru à Pont, il eût préservé cette ville des désastres qui l'attendaient. Tous les officiers étaient à leur poste au champ d'honneur, et on ne vit à Pont, durant cette journée; qu'une cinquantaine de Cosaques irréguliers, et ce fut pour donner une idée bien extraordinaire du respect qu'ils portent aux ordres de leurs chefs. Ces Cosaques se présentèrent chez moi dans le moment où je n'avais encore qu'un billet de sauve-garde; leur premier mouvement fut de parcourir avec curiosité le rez-de-chaussée de ma maison, ensuite d'observer et paraître choisir ce qui pouvait leur convenir dans ce qui était en évidence; mais, sans mot dire, et sans chercher à ouvrir et encore moins à fracturer aucun meuble. Sur leurs pas marchait un sous-officier, auquel je présentai le billet de sauve-garde, qui était écrit dans une langue que sûrement il ne comprenait pas. Cependant, au seul mot de *salva guardia*, qu'il parut comprendre, il tira son sabre, et chassa sans aucune résistance, et par un mouvement aussi prompt que l'éclair, les Cosaques, qui disparurent, non-seulement de ma maison, mais encore de la ville. Dans cette visite, je n'eus à regretter qu'un sabre fait pour tenter des militaires assez mal armés. Le sous-officier poussa le respect pour la sauvegarde, au point de refuser même des rafraîchissemens que je lui offrais avec instance.

La nuit survint au milieu des alarmes que devait causer la conduite des maraudeurs: cependant la sauvegarde effective que j'avais obtenue empêchait le pillage; j'en étais quitte pour donner à tout venant à boire à discrétion, et à manger tout ce dont je pouvais disposer ; mais j'entendais au-dehors des cris, j'apercevais des mouvemens qui me faisaient entrevoir les plus grands malheurs.

Effectivement, sur les sept ou huit heures, le curé, des femmes avec leurs enfans, et plusieurs habitans, fuyant de leurs habitations, vinrent se réfugier chez moi, dans l'espérance d'éviter les mauvais traitemens à l'abri de ma sauve-garde, laquelle, il faut le dire, fut elle-même menacée, insultée plusieurs fois par ces soldats farouches et indisciplinés, qui nous avaient plusieurs fois menacés de leur vengeance, en nous disant : *vous salva guardia tant pis*.

Peu rassurés dès-lors, même par la présence de la sauve-garde, nous nous attendions à chaque instant à voir la maison attaquée de vive force. Nos alarmes furent bien plus vives, quand le chevau-léger, sous un prétexte que nous ne pûmes comprendre, et, malgré nos instances, s'absenta pour ne plus revenir. A peine était-il sorti, que nous entendîmes frapper avec violence à la porte et aux fenêtres à la fois. Nous aperçûmes, avec un effroi bien fondé, d'après les menaces précédentes, que cinquante ou soixante hommes donnaient l'assaut à la maison, dans des intentions sinistres, d'après la fureur qui paraissait les animer.

Je crus alors devoir engager mon épouse et mes enfans, ainsi que tous ceux qui étaient présens, à fuir; je les accompagnai jusqu'à une porte dérobée au fond du jardin, les engageant à m'attendre un instant, et à rentrer, s'ils s'apercevaient que le mal ne fût pas aussi grand que nous l'avions présumé.

Je retournai donc à la maison, et fus ouvrir la porte. A l'instant je fus enveloppé par une multitude de soldats, levant avec fureur leurs sabres sur ma tête, et me menaçant de la mort si je ne leur donnais de l'eau-de-vie (*brandevin*) et de l'argent. Je ne pus les calmer qu'en leur donnant toutes mes clefs et le peu d'argent que j'avais sur moi, et en leur promettant d'aller leur chercher de l'eau-de-vie.

Comme je n'aurais pu effectuer cette promesse, puisque toute la provision que j'avais faite de cette liqueur avait été enlevée dans la journée, et en très-peu de temps, et qu'ils insistaient toujours avec force sur la demande de l'argent, je crus prudent de me soustraire à leur fureur en éteignant les lumières qui se trouvaient sur mon passage, pour me dérober à leur poursuite, et en rejoignant rapidement mon épouse et mes enfans, qui, ainsi que les personnes qui les accompagnaient, s'éloignèrent de la ville jusqu'à ce qu'elles se crussent assez loin de ce théâtre d'horreur et de désolation.

Je ne chercherai point à abuser de la sensibilité de Votre Excellence, en lui dépeignant les détails de cette affreuse nuit; elle pourra s'en former une idée quand elle saura que la précipitation avec laquelle mon épouse avait fui, ne lui avait permis de rien emporter; n'ayant ni schall, ni manteau, ni couverture, ni enfin aucun moyen de se garantir des injures du temps, dans la saison la plus rigoureuse de l'année, assise dans un fossé, les pieds dans la neige, ayant sur ses genoux ses deux jeunes enfans, qu'elle ne pouvait défendre du froid qu'en se privant de ses propres vêtemens pour les couvrir apercevant, de l'endroit où elle était, les lumières qui parcouraient les appartemens, et entendant les coups redoublés par lesquels on brisait les meubles de la maison pour en enlever ce qu'il y avait de plus précieux; craignant en outre à chaque instant d'être découverte et exposée aux plus affreux traitemens, livrée enfin aux plus vives alarmes et aux douleurs physiques les plus violentes. Telle fut, Monseigneur, pendant une nuit de février, la situation de ma famille et de ceux qui étaient avec nous; telle fut celle de tous les habitans de Pont-sur-Seine, car tous se trouvèrent comme nous forcés de fuir leurs habitations, et d'errer au-dehors de la ville. Si on demande comment des femmes, des enfans, des vieillards ont pu résister à cette terrible nuit, je dirai que Dieu et la nature donnent des forces quelquefois surnaturelles aux êtres les plus faibles pour résister aux maux qu'ils éprouvent (1).

Pour moi, quoique légèrement vêtu, n'ayant qu'une simple redingote, je luttais contre le froid, en faisant la ronde autour du groupe intéressant, objet de mes

---

(1) J'ai, depuis cette fatale époque, réfléchi sur les causes physiques qui ont pu préserver mon épouse, d'autres dames qui étaient avec elle, et même des enfans, des maladies qui eussent dû être la suite d'une nuit entière passée dans la neige, dans une inaction absolue, et sans aucun moyen de se préserver du froid et de l'humidité. Je crois que la vue d'un danger imminent, en émouvant l'âme fortement, excite dans le sang une circulation extraordinaire, et lui communique une chaleur surnaturelle qui, étant

alarmes et de ma sollicitude. Je m'approchais quelquefois de la ville pour voir si le calme s'y rétablissait, et si je pourrais y ramener ma malheureuse famille ; ce que je ne pus effectuer que quand le jour eut mis fin à la plus longue et la plus cruelle des nuits.

Il paraît que les maraudeurs, dont le brigandage avait été couvert des ombres de la nuit, avaient quitté la ville au moment où ils avaient vu paraître le jour, qui, en éclairant leur conduite, en eût attiré sur eux le châtiment que n'eussent sans doute pas manqué de leur infliger des chefs qui, étant restés à leur poste, ignoraient certainement les excès de leurs soldats.

Éclairé par les premiers rayons de l'aurore, et rassuré par le calme qui paraissait régner dans la ville, je m'en approchai, et elle me parut effectivement déserte.

Je revins donc chercher ma malheureuse épouse et mes enfans qui eux-mêmes avaient quitté le poste où je les avais laissés, pour se réfugier dans la cabane d'un malheureux, dont la pauvreté l'avait garanti du désastre général. Là je les vis se réchauffant à la faible lueur de deux brins de bois vert, et dévorant avec avidité le pain dur et noir du pauvre (les malheureux enfans ! ils n'avaient pas mangé depuis vingt-quatre heures). Je les ramenai chez moi.

---

bien au-dessus de la chaleur artificielle ou naturelle, préserve ceux qui sont dans ce cas des maladies qui seraient la suite inévitable d'une pareille situation physique qui ne serait point accompagnée de la même situation morale. Je crois cependant que cet état serait trop violent pour pouvoir durer, et qu'à la fin l'affaissement des facultés morales entraînerait nécessairement celui des facultés physiques, et même la mort. Heureusement pour l'humanité, qu'elle n'a pas souvent à subir de pareilles épreuves.

Je n'éprouvai, en voyant l'état de ma maison, d'autre surprise que de la revoir encore; je ne pouvais concevoir comment elle n'avait pas été incendiée. Mais qu'on juge de la situation de mon épouse en voyant tout son ménage détruit et bouleversé ! Quoique j'eusse donné toutes mes clefs, il paraît que ces soldats avides ne s'étaient pas donné la peine d'en faire le choix ; tous les meubles étaient brisés, et la maison était pleine des débris de ce qui naguère était mon mobilier. Cela présentait un tableau si triste, que les premiers soldats alliés qui arrivèrent ensuite, émus de compassion, ne pouvaient s'empêcher de dire, avec l'accent de la pitié : *Pauvres malheureux ! pauvres Français ! Méchant Napoléon !* (Ils avaient raison; ce tyran était la cause de tous nos maux.) Enfin, ces soldats, le croira-t-on? n'osaient pas même nous demander des alimens dont ils avaient sûrement grand besoin, parce qu'ils pensaient bien que nous n'étions plus en état de leur en fournir.

Ce tableau particulier est au reste, Monseigneur, celui de toute la ville : partie des habitans avait fui pour ne plus revenir; l'autre partie, rentrée dans ses habitations, en contemplait l'état avec douleur et les yeux égarés par le plus sombre désespoir. Ce qui s'était passé donnait d'ailleurs l'idée d'un avenir encore plus affreux.

Telle était, Monseigneur, notre situation, quand nous vîmes arriver en ville, pour la première fois depuis la retraite des Français, des officiers russes. Leur premier soin fut de nous consoler, en prenant la plus grande part à nos malheurs, et en gémissant sur les suites affreuses d'une guerre dont l'odieux devait retomber sur son auteur, mais dont le mal retombait sur ses victimes. Leur second soin fut, avant tout, même avant de s'occuper de leurs besoins, de remédier, autant que possible, à ces malheurs, en rétablissant l'ordre, de manière à en prévenir le retour. On les considéra dès lors comme des génies tutélaires; et effectivement leur conduite noble et généreuse ne s'est pas démentie, depuis, un seul instant.

Celle que tenaient les officiers russes logés chez moi, ne pouvait que me donner la plus haute idée de cette nation. Même avant de connaître mes sentimens, ces officiers me traitaient plutôt comme un ami que comme un ennemi. Les égards qu'ils avaient pour mon épouse, et enfin les plus nobles procédés, me disposèrent à les considérer moi-même comme des amis.

Je dois ici exprimer le regret que les événemens subséquens m'aient forcé à me défaire des notes qui eussent pu me compromettre vis-à-vis d'un gouvernement aussi cruel qu'ombrageux. Cette raison seule m'empêchera de nommer ici tous ces estimables officiers, dont les noms ont échappé à ma mémoire: ce qui est bien pardonnable, ayant eu depuis lors à supporter d'autres malheurs bien faits pour la troubler.

Sans donc avoir oublié l'amitié et les bons procédés de ces officiers, je ne me rappelle que des noms du bon et aimable prince de Korchakoff, colonel; du capitaine Pascher, du général Rayner, du général Rickoff, du colonel Booze, du lieutenant-colonel Tichin. Je suis bien malheureux d'avoir oublié d'autres noms chers à ma mémoire, particulièrement celui d'un aimable prince, aide de camp de S. M. l'empereur de Russie, lequel a logé chez moi, et m'a comblé de ses bontés ; celui d'un jeune officier de génie, qui a aussi logé chez moi, et y a donné l'idée de ce que peut inspirer à un cœur sensible une âme noble et élevée (1) ; enfin ceux de plus de cinquante officiers de cette nation, que j'ai été à même d'apprécier.

J'ai mis en première ligne le prince de Korchakoff, parce que c'est lui qui m'a honoré de l'amitié la plus particulière, et qui m'a procuré l'honneur de connaître le généreux comte de Wittgenstein, et son digne chef d'état-major, le général Dauvray. Logé chez moi, ce

---

(1) Je ne puis résister au plaisir de me détourner un instant de mon objet pour citer un fait qui honore le caractère des officiers russes.

Un jeune officier logé chez moi (celui dont il est parlé plus haut), voyait avec peine mon épouse s'affliger sur le sort de sa mère qui habitait Nogent-sur-Seine. Du haut de ma maison nous apercevions les flammes de cette malheureuse ville, qui supportait alors un siége ordonné par le barbare tyran des Français ; nous concevions de justes et vives alarmes sur la situation d'une personne aussi chère. Mon épouse croyait à chaque instant voir sa mère écrasée sous les débris de sa maison embrasée.

Le jeune officier, ému de compassion à la vue du chagrin de mon épouse, prit subitement la résolution d'y mettre un terme, en lui procurant des nouvelles de l'objet de nos alarmes. Il fut à la recherche d'un cheval, le mien m'ayant été enlevé le premier jour, et fit préparer une voiture, pour, nous dit-il, aller chercher ma belle-mère, et l'amener lui-même à Pont-sur-Seine. Il part avec un domestique de la maison. Au bout d'une couple d'heures, il revient bien chagrin de n'avoir pu exécuter son projet, parce que le combat avait encore lieu dans les dehors de Nogent-sur-Seine.

On se met à table pour dîner. Mon épouse, encore plus chagrine qu'auparavant, ne veut point prendre part à ce repas. Le jeune officier, qui n'avait encore mangé que le potage, et devait avoir besoin de finir son dîner, s'écrie : « Non, madame, non, il ne sera pas dit que la journée se passera sans que vous ayez des nouvelles de votre mère ». Il quitte la table, deprince maintint l'ordre, non-seulement dans ma maison, mais encore dans tout le voisinage : il lui est arrivé plusieurs fois de se relever la nuit pour faire droit aux plaintes des voisins qui venaient réclamer sa protection.

Dans mes entretiens avec ces officiers, je leur fis part de mes idées relativement aux proclamations des souverains alliés, et des motifs qui nous avaient engagés à les attendre comme des amis. Cela augmenta encore leur chagrin de voir que nous avions été aussi maltraités; ils parurent accueillir avec le plus grand plaisir toutes mes ouvertures sur ce qui regardait les Bourbons; mais ils ne pouvaient me parler sur cela avec certitude, ignorant les intentions de leur auguste Em-

---

mande ses chevaux, et me prie de lui donner un petit croquis indiquant, dans la ville de Nogent, la situation de la maison de ma belle-mère. Je l'indique de la manière la plus exacte possible. Muni de cette note, il monte à cheval, et part comme l'éclair, le cœur plein du plus héroïque sentiment, mais l'estomac vide.

Il était environ cinq heures du soir : sur les six heures et demie, il arrive, ses chevaux blancs d'écume, et lui-même en nage, dans le mois de février. Sa figure radieuse nous annonçait une bonne nouvelle. Effectivement, malgré une vive fusillade, il avait pénétré assez dans la ville pour reconnaître la maison de ma belle-mère. Une maison voisine avait été incendiée; mais le feu était éteint, et il n'y avait plus de danger pour celle qui renfermait l'objet de notre tendresse.

Qu'on juge de notre reconnaissance, surtout quand, apercevant qu'il avait été atteint de deux balles, nous lui en faisons l'observation, il nous répond gaîment, et avec une modestie enchanteresse, *fructus belli*. Heureusement que les balles n'avaient atteint que les habits.

Il se mit alors à table, et, comme on le pense bien, avec un bon appétit, excité par des courses aussi rapides et aussi multipliées, et par la satisfaction que doit procurer à un cœur généreux le plaisir d'avoir fait une belle action!!! Aimable jeune homme, si jamais je puis me rappeler ou savoir votre nom, je le proclamerai avec autant de plaisir que votre générosité et ma reconnaissance.

pereur. Cependant ils m'assurèrent dès-lors que l'intention de ce généreux souverain était de délivrer la France et l'Europe du joug de l'usurpateur, et d'assurer le bonheur des Français, s'ils étaient assez sages pour adopter un gouvernement qui conciliât ce bonheur, et même la gloire de la France, avec la tranquillité des autres états.

Il paraît que le prince fit part de ces entretiens et de ma façon de penser à monseigneur le comte de Wittgenstein, commandant en chef le sixième corps de l'armée alliée, et dont le quartier-général était établi dans le château de Pont-sur-Seine; car, dans la nuit, ce général me fit engager à me rendre auprès de lui, et m'envoya des chevaux pour cela.

Je me rendis à l'invitation du général, lequel me fit l'honneur de me dire qu'il connaissait mes sentimens; qu'en conséquence il était convaincu que je me ferais un plaisir et un devoir de servir la bonne cause, celle de mon souverain légitime, en aidant de mes conseils les opérations de l'armée qui était sous ses ordres; que je rendrais même un service particulier à la ville de Nogent-sur-Seine, où il savait que j'avais des parens, parce que, s'il ne pouvait tourner cette ville, il serait bien obligé de la brûler entièrement pour en forcer le passage.

Je me permis de représenter au général qu'il ne s'était point trompé sur mes sentimens; que personne ne désirait plus ardemment que moi le retour des Bourbons, auxquels toute ma vie avait été consacrée; que, même d'après les proclamations des augustes souverains, je m'étais attendu au bonheur de voir au milieu de leur armée un prince de cette famille chère aux vrais Français; que, dans cette idée, inspirée par les plus vifs désirs de mon cœur, je les avais attendus comme des libérateurs, avec la sécurité de la paix; que j'avais même à me reprocher d'avoir inspiré cette sécurité aux malheureux habitans de Pont-sur-Seine, puisque, comme moi, ils en avaient été les victimes, ayant été traités en ennemis et de la manière la plus cruelle; que, cependant, je devais rendre hommage à sa généreuse nation, en lui disant que non-seulement les officiers, ni même les soldats russes, n'avaient point pris part aux excès auxquels s'étaient portés des maraudeurs de son armée, mais encore que c'était dans les Russes que nous avions trouvé secours et protection contre ces excès; qu'en conséquence, j'étais disposé à rendre aux Russes toute la justice que méritait leur généreuse conduite, mais que, d'après celle d'une partie de son armée, je ne pouvais croire à la résolution unanime de rétablir le trône légitime; qu'enfin, Français avant tout, j'aimerais mieux mourir que de donner des conseils à ceux que je pouvais, que je devais, d'après leur conduite hostile, considérer comme les ennemis de ma patrie.

Je croirais, Monseigneur, commettre une indiscrétion en entrant dans tous les détails de la réplique de monseigneur le comte de Wittgenstein; je me contenterai donc de lui dire que le résultat de cette réplique fut de me convaincre que S. M. l'empereur de Russie, ainsi que ses alliés, étaient fermement déterminés, 1°. à employer tous leurs moyens pour, en renversant le trône usurpé de Napoléon, délivrer l'Europe et la

France du joug qu'il leur avait imposé ; 2°. de seconder de tout leur pouvoir le rétablissement du trône légitime, si l'opinion se prononçait en France en faveur des Bourbons ; 3°. de protéger, dans ce cas, la nation française, et de respecter, non-seulement les propriétés publiques et particulières, mais encore la gloire de la France. Ce fut alors que ce respectable général, et d'autres officiers de son état-major, s'exprimèrent dans les termes aussi nobles que religieux qui sont relatés dans le préambule de cette notice, paroles dont la sublime simplicité forme un contraste bien extraordinaire avec la jactance de celui qui ne reconnaissait rien au-dessus de ses canons et des bayonnettes de ses soldats.

Quant à moi, séduit, entraîné par autant de noblesse, de franchise et de générosité, je répondis avec enthousiasme au général et aux officiers qui m'entouraient, que j'étais tellement convaincu de leurs bonnes intentions, que non-seulement je les regardais, dès ce moment, comme les alliés de mon Roi et les amis de ma patrie, mais que j'étais prêt à donner ma vie pour les servir, puisque c'était servir sa cause et celle de la France ; que, s'il avait à sa disposition un équipage de pont, je lui répondais que le lendemain, avant midi, son armée serait à quatre lieues au-delà de Nogent-sur-Seine ; qu'en conséquence je le suppliais de suspendre le siége de cette ville où j'avais une partie de ma famille.

Le général s'empressa de donner des ordres en conséquence ; on apporta des cartes de Cassini, sur lesquelles je fus très-étonné de voir indiquée une ancienne chaussée des Romains aboutissant à Pont-sur-Seine. J'avais connaissance de cette chaussée, et je comptais bien en faire usage pour opérer le passage; mais je n'eusse jamais pensé qu'elle fût indiquée sur les cartes. Croira-t-on que Buonaparte, dont on vante tant les talens militaires, s'amusait à faire brûler inutilement la ville de Nogent-sur-Seine, et n'avait point eu l'esprit d'apercevoir sur cette carte une chaussée qui, quelle que fût l'inondation, pouvait faciliter le passage d'une armée? passage qui eut lieu effectivement sans aucun obstacle naturel, et sans qu'aucun poste d'observation se fût aperçu de ce mouvement. Cela fut au point, qu'on eut la sottise de faire sauter le pont de Nogent, un pont magnifique, et qu'on ne rétablirait pas à moins de cinq cent mille francs, six ou sept heures après l'exécution de ce mouvement par lequel Nogent était tourné.

Le comte de Wittgenstein, voulant prouver par ses actes et par des faits la véracité de ce qu'il m'avait dit dans la nuit, m'engagea à revenir au château le lendemain matin 11 février, accompagné de plusieurs notables de Pont-sur-Seine. Je m'y rendis effectivement avec MM. Vaillant et Michaud. Alors le général, après nous avoir exprimé toute la peine qu'il éprouvait de n'être pas arrivé à Pont-sur-Seine assez tôt pour empêcher les désastres de ses bons et malheureux habitans, nous dit que si quelque chose pouvait leur porter quelque consolation, c'était sûrement la nouvelle qu'il allait nous apprendre, puisqu'elle s'accordait avec nos vœux et nos sentimens, dont il avait connaissance. Alors il me remit la proclamation manuscrite de Sa Majesté

Louis XVIII, de Karthuell, en date du 1er. janvier 1814, m'engageant à en faire à haute voix la lecture : ce que je fis en présence de tous les officiers de son état-major, qui, prenant part à l'enthousiasme avec lequel je faisais cette lecture, mêlèrent des larmes d'attendrissement aux larmes de joie que nous faisaient répandre les paroles touchantes et les promesses du meilleur des Rois. Cette lecture finie, le général daigna m'autoriser à en faire à Pont-sur-Seine la publication, au nom des Souverains alliés.

Je retournai donc à Pont, où je fis, à son de caisse et de la manière la plus solennelle, la lecture de la proclamation devant tous les habitans rassemblés, et qui, oubliant dans ce moment leurs malheurs pour se livrer à l'espérance de les réparer à l'ombre du trône légitime, s'écrièrent avec le plus vif enthousiasme : *Vive le Roi! vivent les Bourbons! périsse le tyran, le bourreau des Français!* Ces cris furent répétés par l'armée russe qui défilait en ce moment dans Pont pour opérer le passage de la Seine; la majeure partie des habitans prit à l'instant la couleur des Bourbons.

Le général, sensible à un dévouement aussi prononcé, et on pourrait dire aussi héroïque, puisque, dans ce moment même, on entendait le canon et la fusillade de l'armée de l'usurpateur; le général, dis-je, voulant donner aux habitans des preuves de son estime et de sa bonté, et leur prouver qu'il les considérait dès-lors comme des amis, nomma à l'instant, pour maintenir l'ordre, et pour protéger la ville contre de nouveaux excès, un commandant de place avec un piquet de Cosaques réguliers. Voulant en outre contribuer au bon ordre, en mettant de l'harmonie entre ce commandant et l'autorité locale, et vu l'absence forcée de M. le maire de Pont, monseigneur le comte de Wittgenstein en institua un au nom de Sa Majesté Louis XVIII.

Dès ce moment, les malheureux habitans de Pont-sur-Seine, abattus par leurs désastres, parurent reprendre une nouvelle énergie; tous contribuèrent de tous leurs moyens, et même en fournissant les matériaux nécessaires, aux dépens de leurs propres habitations, à la confection du pont de bateaux, croyant hâter par là le moment de notre délivrance, et le retour désiré de notre Roi légitime. Je faillis, dans cette journée, être la victime de mon zèle; sans un officier de génie russe qui me retira par le collet de mon habit, j'eusse été écrasé par la chute d'une solive de vingt-cinq pieds de longueur, qui n'est tombée qu'à trois pouces de ma tête. Dès ce moment aussi, tout se fit à Pont au nom de Sa Majesté Louis XVIII. D'abord M. Lorrin, et ensuite M. Vaillant, la santé du premier ne lui ayant pas permis de continuer ses fonctions, signèrent tout ce qui avait rapport au service des alliés au nom de Sa Majesté.

Tels sont, Monseigneur, les événemens de cette journée, qui doit honorer à jamais la ville de Pont-sur-Seine, d'autant plus qu'ils avaient lieu, pour ainsi dire, sous le canon de Buonaparte, deux mois avant ceux de Paris, un mois avant ceux de Bordeaux; et les habitans de cette dernière ville avaient, pour les stimuler, la présence d'un prince du sang des Bourbons, bonheur dont était privée la ville de Pont-sur-Seine, laquelle, sous tous les rapports, a donc le mérite de la priorité dans la manifestation de son dévouement à la cause du Roi. Votre Excellence pourra juger de la position et des angoisses des habitans, et surtout de ceux qui avaient pris à ces événemens la part la plus directe, quand les alliés, se retirant sur Troyes, nous laissèrent exposés à la vengeance de l'usurpateur, qui, heureusement pour nous, trop occupé d'ailleurs, ne fit que passer rapidement dans notre canton. Plusieurs prirent le parti de la fuite. Votre Excellence peut penser que je fus de ce nombre, et, ce rapport n'étant point fait pour moi, je ne l'occuperai point des dangers que j'ai courus, ni des souffrances inouïes que j'ai éprouvées ainsi que ma famille, par suite de mon dévouement; je laisserai donc là ce qui me regarde personnellement, pour n'occuper Votre Excellence que de la ville de Pont-sur-Seine.

Je ne finirai point ce qui regarde cette intéressante et malheureuse ville, sans dire à Votre Excellence qu'au moment où je proclamais Sa Majesté Louis XVIII, pénétré de l'enthousiasme et du dévouement des habitans de cette ville, j'ai cru devoir leur promettre solennellement, au nom du meilleur et du plus juste des rois, qu'il sécherait leurs larmes et réparerait leurs désastres.

Sa Majesté n'a pu suivre le mouvement de son cœur paternel, en exécutant cette promesse faite en son nom par un de ses fidèles sujets, et appuyée par un de ses plus zélés, de ses plus honorables et de ses plus utiles défenseurs, monseigneur le comte de Wittgenstein; mais, en attendant, elle a daigné conférer à cette ville un titre honorable pour perpétuer le souvenir de son dévouement.

Je suis donc lié, Monseigneur, et par la promesse solennelle que j'ai faite à la ville de Pont-sur-Seine, au nom de Sa Majesté, et par la commission spéciale qu'elle m'a donnée de solliciter ses bontés par l'intermédiaire de Votre Excellence; commission dont je m'acquitte avec d'autant plus de plaisir, que je la regarde comme un devoir sacré que m'impose le tort involontaire que j'ai eu en inspirant aux malheureux habitans de Pont-sur-Seine une sécurité qui leur a été fatale, tort qui a pris sa source dans des sentimens qui, je l'espère, me le feront pardonner.

En conséquence, attendu l'état d'épuisement dans lequel se trouve la malheureuse ville de Pont-sur-Seine, par suite de ses désastres, j'ai l'honneur de supplier Votre Excellence de solliciter de la bonté de Sa Majesté : 1°. des lettres-patentes gratuites, ou une ordonnance royale confirmative du titre de Pont-le-Roi, que Sa Majesté a daigné accorder à la députation de Pont-sur-Seine, le 7 juin 1814; 2°. l'autorisation royale de placer au milieu de ses anciennes armoiries une fleur de lis d'argent sur fond d'azur, avec cette devise : *liliis semper fidelis,* cette grâce aussi gratuite, vu l'état de pauvreté de la ville; 3°. et enfin, pour soulager les habitans de cette malheureuse ville, les secours que Votre Excellence jugera convenable et possible d'accorder, tels que représentations, collectes ou tous autres moyens inspirés par la charité, en faveur d'une ville qui s'est dévouée pour la cause du Roi et de la Patrie, et qui, outre ses malheurs particuliers, a éprouvé celui de la destruction du château de Pont, lequel était la seule ressource des habitans.

Quant aux particuliers, dont l'état nominatif est ci-joint, d'après le rapport exact fait suivant la vérité et ma conscience, Votre Excellence jugera les récompenses dont ils sont dignes; et si je me suis permis de les indiquer à sa bonté et à sa justice, je la prie de croire que ce n'est pas dans l'intention de leur fixer des bornes.

J'ai l'honneur d'être, avec le plus profond respect,

Monseigneur,

De Votre Excellence,

Le très-humble et très-obéissant serviteur.

Le Ch. de BRUNEL de Varennes.

Nota. Les pièces justificatives et authentiques qui étaient jointes à ce rapport, ont été insérées en 1814 dans le second volume du Nobiliaire de France, par M. de Saint-Allais, page 229 et suivantes. J'ai dû considérer ces titres comme dignes de s'associer à ceux d'une famille dévouée au service de ses rois depuis cinq cents ans, et qui peut s'honorer d'avoir, depuis long-temps, pou armoiries, trois fleurs de lis, comme symbole de sa constante fidélité à l'auguste famille des Bourbons.

Sa Majesté ayant daigné, depuis la présentation de ce rapport, rendre une ordonnance confirmative de la grâce qu'elle a bien voulu accorder à la ville de Pont-sur-Seine le 7 juin 1814, cette ordonnance est à présent le plus beau titre dont ses fidèles suje de Pont-le-Roi doivent s'honorer. En conséquence, je me bornerai à en transcrire ici le texte d'après le Bulletin des Lois du 22 juillet 1816 :

Ordonnance du Roi qui autorise la ville de Pont-sur-Seine à prendre le nom de Pont-le-Roi.

Au château des Tuileries, le 10 juillet 1816.

Louis, par la grâce de Dieu, Roi de France et de Navarre ;

Voulant témoigner à nos fidèles sujets de la ville de Pont-sur-Seine, département de l'Aube, notre satisfaction des preuves de dévouement qu'ils ont données le 11 février 1814 ;

Sur le rapport de notre ministre secrétaire-d'état de l'intérieur,

Nous avons ordonné et ordonnons ce qui suit :

Art. 1er. La ville de Pont-sur-Seine est autorisée à substituer à son nom celui de Pont-le-Roi.

2. Notre amé et féal chancelier de France et nos ministres secrétaires-d'état de l'intérieur et des finances sont chargés de l'exécution de la présente ordonnance, qui sera insérée au Bulletin des Lois.

Donné en notre château des Tuileries, le 10 juillet de l'an de grâce 1816, et de notre règne le vingt-deuxième.

Signé LOUIS.

Par le Roi,

Le ministre secrétaire-d'état au département de l'intérieur,

Signé Lainé.

P. S. Le *Moniteur* du 25 juillet 1816, article *Paris*, en rendant compte de cette ordonnance, fait la mention la plus honorable de ceux qui ont pris le plus de part aux glorieux événemens du 11 février 1814.

BIBLIOTHÈQUE ROYALE

DE L'IMPRIMERIE DE FAIN, RUE DE RACINE, PLACE DE L'ODÉON, N°. 4.

BIBLIOTHEQUE NATIONALE DE FRANCE

www.ingramcontent.com/pod-product-compliance
Lightning Source LLC
LaVergne TN
LVHW021716230826
846091LV00006BA/2197

* 9 7 8 2 0 1 3 2 6 0 1 5 2 *